MEMORIE
DI UN CANTANTE
APPROCCIO ALL'OPERA LIRICA

GRAZIANO D'URSO

2020

A Claudio

Memorie di un cantante. Approccio all'Opera Lirica

Lulu.com, Morrisville, NC.

ISBN: 978-0-244-26682-0

INTRODUZIONE

Con questo documento desidero raccontare la mia personalissima esperienza come cantante, dagli antefatti ai primi approcci didattici, dall'esperienza nel coro ai debutti, dai primi concerti ai concorsi lirici, per arrivare ai grandi palcoscenici e ai premi: i primi anni di attività che mi hanno fatto raggiungere obbiettivi inaspettati.

Sulla falsariga del mio excursus artistico vorrei raccontare gli aneddoti, le emozioni, le impressioni e i risultati, fattori che mi hanno accompagnato in questi ultimi sei anni e mi hanno formato come artista.

Una serie di fortunati eventi mi ha condotto a dedicare la vita alla musica. Penso che ogni scelta che compiamo - per il principio della causalità - abbia una conseguenza nel breve-medio-lungo termine.

Nel mio caso fattori non sempre collegati tra loro mi hanno portato a compiere decisioni che si sono tradotte nell'essere oggi un cantante.

Sicuramente avrà contribuito il mio passato da chitarrista prima e da direttore d'ensemble dopo. Le **persone chiave** (che nel testo ho deciso di evidenziare in neretto) sono molteplici, e hanno apportato un sostanziale aggiustamento di rotta. Considero queste fra gli amici più importanti, che sicuramente hanno svolto e svolgono un ruolo determinante nella mia vita.

Ho deciso pure di sottolineare le date fondamentali.

Aggiungerò qualche fotografia, per dare meglio l'idea delle situazioni e delle ambientazioni.

Credo sia una storia che vada raccontata, e risponde alla domanda "come ci sono finito lì?": se non avessi pensato di aver raggiunto anche un seppur minino risultato di una qualche rilevanza non mi sarei accinto a scrivere questo racconto.

Seguirò una narrazione cronologica partendo dall'inizio e giungendo al momento in cui si scrive, cercando di concentrarmi sulle informazioni inedite, e accennando soltanto quelle notorie.

Auguro dunque buona lettura.

Acitrezza,
febbraio 2020

Graziano D'Urso

1. ANTEFATTI

Se volessi cercare il punto zero, da cui tutto trae origine, forse potrei trovarlo nel 3 marzo 2013, il giorno che con l'associazione culturale Centro Studi Acitrezza ho preso parte alla fondazione e all'organizzazione di un'orchestra.

A quel tempo frequentavo la facoltà di Giurisprudenza dell'Università degli Studi di Catania con il desiderio di dedicarmi alla Politica – anche in concomitanza delle imminenti competizioni elettorali nel mio paese -, e il pensiero di studiare musica accademicamente era lontanissimo.[1]

Chiamammo questo ensemble "Galatea – L'Orchestra del CSA" e ci dedicammo allo studio e alla interpretazione di brani di musica leggera, supportato dall'encomiabile contributo logistico di **Giovanni H. Grasso.**[2] L'ensemble annoverava qualche strumento ad arco, a percussione, una o due tastiere, chitarre folk, qualche strumento a fiato: era formato da amatori,

[1] Ero impegnato politicamente anche nelle elezioni amministrative del mio Comune previste per l'anno successivo, con una lista civica vicina all'associazione.

[2] Fondatore e Vice Presidente dell'Associazione Culturale "Centro Studi Acitrezza", fonico dell'ensemble, videomaker, social media manager, suonatore di basso elettrico, segretario dell'orchestra e anni più tardi mio web designer (vedi www.grazianodurso.it).

quasi nessuno era un professionista, e io non facevo eccezione. Solo nell'inverno 2015 studiai direzione d'orchestra con Salvatore Tralongo presso la Fe.Ba.Si.

Avevo l'incarico di dirigere questa orchestra senza alcuna esperienza di direzione, o di composizione, o di teoria musicale, se non qualche infarinatura "per imitazione". In realtà non dovevo neppure occuparmi della conduzione, ma per carenza di risorse (figure professionali) mi immolai alla causa: coordinare un gruppo di aggregazione giovanile nel mio paese che si riunisse attorno alla musica dal vivo.

Avevo diversi amici musicisti poiché sin dal 2008 facevo parte in qualità di chitarrista (elettrico) solista di

Concerto alla Chiesa di San Pawl, Malta. Nella foto Graziano D'Urso e Francesco di Gregorio. Dicembre 2012

un'altra orchestra[3], ed alcuni musicisti di quella aderirono al progetto; come tanti altri semplicemente volontari di paesi limitrofi[4], o alunni dei corsi di chitarra che tenevo sin dal 2006 in paese.

L'unica mia esperienza musicale fino a quel momento era stata suonare la chitarra (classica, acustica ed elettrica) a livello scolastico come studio curriculare, poi anni dopo in una rock band[5], poi in una jazz band[6] (in realtà in diverse formazioni) e infine nel detto complesso sinfonico. Avevo anche cantato: prima, da bambino, in un coro polifonico[7], e dopo da adolescente nelle sopra accennate band, nonché in Chiesa come animatore liturgico e in oratorio.

Un amico fagottista, che conobbi nella orchestra di cui prima facevo parte, mi presentò, per l'ingresso in

---

[3] Prima Orchestra d'Eccellenza dell'Istituto Comprensivo Statale "Roberto Rimini" di Ficarazzi, poi Orchestra "Riviera dei Ciclopi" diretta dal Prof. William D'Arrigo.

[4] Uno in particolare, Dino Santonocita, fu il dipendente della concessionaria che sbrigò la pratica per l'acquisto della mia auto nel 2014.

[5] 8ttOnerO, in attività dall'estate 2007 all'estate 2011, rock band con la quale ho vinto la 15ª, la 17ª e la 19ª edizione dell'annuale Festival della Canzone "Città di Acitrezza".

[6] Alimp Band, sezione musicale del Comitato Culturale "Akis Live Music Project", ente fondato nell'aprile 2012 e attivo fino al 2016 con lo scopo di tenere corsi di musica e concerti di musica dal vivo.

[7] Il coro era la corale polifonica dell'Istituto Comprensivo Statale "Roberto Rimini" di Acitrezza, diretto dal Soprano Prof.ssa Pina Raneri. Questa docente scomparve mentre mi trovavo in Cina in tour.

Concerto dell'Orchestra Galatea ad Acitrezza. Dirige Graziano D'Urso. Dicembre 2013

organico, un percussionista, il quale a sua volta portò un bravo violinista.[8]

L'ensemble, che oscillò dai 15 ai 30 elementi[9], non ebbe mai vere e proprie rigide audizioni, e l'ingresso di nuovi elementi era dettato dal comune desiderio di fare musica; ecco che il livello dei musicisti era assai eterogeneo e il progetto non crebbe mai oltre qualche concerto locale, tra Catania, Valverde, Aci Castello e Acireale.

Il bravo violinista era il **Professor Vincenzo Adorna**, al quale diedi subito tutte le parti da primo violino. Tutte le parti erano arrangiate da me alla meno

---

[8] Il fagottista era Salvo Virgata, il percussionista Salvo Sciacca.

[9] La somma complessiva dei membri raggiunse le cinquanta unità: http://orchestradelcsa.blogspot.com/p/componenti.html

peggio, con occasionali contributi ed aggiustamenti dai solidali colleghi dell'Orchestra Galatea, come per esempio lo stesso Adorna, ma non fu l'unico.

Questa spalla giovò comunque notevolmente alla buona riuscita di diverse esibizioni, donò diversa musica composta da lui all'ensemble[10] e mi presentò un mandolinista con lo scopo di eseguire un Concerto di Vivaldi.

L'ensemble non era in grado di eseguire Vivaldi, per cui quel Concerto non ebbe mai luogo, ma il mandolinista, di nome **Claudio Quartarone**, divenne una figura centrale in questa mia prima fase di approccio al canto.

Al di là dell'amicizia su Facebook a quel tempo Claudio Quartarone ed io altro non avemmo; tuttavia ciò non impedì al mandolinista, che era anche violinista e compositore (anche lui donò sue musiche originali all'ensemble.[11] Anni dopo divenne anche suonatore di friscaletto), di notare che io fossi più chitarrista che direttore d'orchestra, così come mostravano le mie foto profilo, i miei video online e i miei post.

Questo lo portò, tempo più tardi – ed esattamente nel maggio 2014 –, a contattarmi per un'offerta di lavoro.

---

[10] Un esempio è la "Tarantella (in Fa) di Adorna" di Vincenzo Adorna.

[11] Un esempio è "*Paradisu d'amuri*", testo di Lucia Anselmi, musica di Claudio Quartarone.

Graziano D'Urso e Claudio Quartarone che intrattengono il ricevimento di un matrimonio a Valverde. Giugno 2014

Il 5 maggio 2014 un fatto concomitante mi spinse ad accettare quell'offerta: avevo acquistato la mia prima auto, e le difficoltà di pagare tutta la cifra in un'unica soluzione mi avevano ridotto al verde. In realtà ero alla disperata ricerca di lavoro, e il ricavato delle lezioni di chitarra che davo in paese, e nei paesi limitrofi, certamente non bastavano.

Claudio Quartarone mi chiamò offrendomi di fare duo con lui (chitarra e violino) per serenate, intrattenimento musicale di cerimonie e ricevimenti, nonché di musica nei ristoranti dei paesi etnei.

Non me lo feci ripetere due volte, ed il 24 maggio 2014 – svanito ogni mio sogno di rivestire un incarico amministrativo nel mio Comune[12] - facemmo la nostra prima serata.

Uscì a lavorare con Claudio in diverse occasioni e tanto mi bastò per saldare tutti i debiti.

Creammo il duo "Claudio & Graziano", operativo fino al giugno 2017, con tanto di depliant, biglietti da visita, pagina facebook, video e foto online.

Fu in quel contesto che Claudio mi sentì canticchiare, talvolta anche interpretare qualche brano siciliano, e mi chiese se non fossi intenzionato a studiare canto lirico.

Lui, fra gli altri impegni (come - per esempio - mandolinista al Festival della Canzone Siciliana per diversi anni), era stato professore d'orchestra al Teatro Massimo "Vincenzo Bellini" di Catania per diverse produzioni, e poteva vantare esperienza orchestrale e d'ascolto di diverse voci teatrali. Era consuetudine che mi raccontasse aneddoti del suo lavoro, delle sue esperienze musicali, oltre che alle sue vicende di vita, dall'infanzia alla gioventù.[13] Alla luce di quella cognizione, mi disse che a parer suo io avessi una voce da teatro, e da baritono per l'esattezza.

---

[12] La lista civica CSA dove ero candidato al ruolo di consigliere comunale perse le elezioni il giorno dopo.

[13] Spesso ne faceva dei testi scritti da mettere online, o dei video veri e propri. Li chiamava "le mie storielle": alcune sono anche su Youtube.

Da sinistra: Claudio Quartarone, Giuseppe Torrisi, Massimo Genovese e Roberto Raneri. Sezione mandolini al Teatro Massimo "Vincenzo Bellini" di Catania

A quell'epoca non sapevo neppure cosa fosse un baritono, né avevo intenzione di studiare canto lirico. Avevo già l'università come impegno – sempre più sofferto e oberante - giornaliero, e la chitarra mi bastava come applicazione musicale, accanto all'Orchestra Galatea ovviamente (nella quale non mancai anche di suonare la chitarra elettrica quando l'organico si ridusse ai minimi termini).

In realtà avevo manifestato il desiderio di studiare musica classica, e per l'esattezza la tromba, ma non fu mai da me assecondato.

Claudio mi assicurò che avevo le qualità per studiare canto, che non avrei sbagliato nel tentare questa via e che a parer suo potevo benissimo ottenere ottimi risultati. La valutazione di Claudio fu fatta su una voce non impostata, molto naturale ed intuitiva e senza alcuna pretesa, ma la sua convinzione mi spinse a provare questa nuova e alternativa strada musicale.

Col passar dei giorni Claudio riuscì a mettermi in contatto con un suo conoscente, tenore e professore di canto all'Istituto Superiore di Studi Musicali "Vincenzo Bellini" di Catania, il M° **Filippo Piccolo**, e io incontrai il maestro per una prevalutazione.

Lunedì 14 luglio presi il primo appuntamento col maestro Piccolo, ed era un segreto per tutti, eccetto per Claudio ovviamente, e per Emanuela, la mia ragazza: ho pensato che i miei genitori avrebbero potuto avere – se lo fossero venuto a sapere - una reazione avversa a questa idea di studiare canto, anche alla luce della battuta d'arresto che aveva subito la mia carriera universitaria con le elezioni amministrative del 2014 (che mi avevano impegnato mesi interi).

Parentesi: Credevo nella causa politica: ero – e sono tutt'ora – un convinto sostenitore della valorizzazione culturale del mio paese, e avevo riversato nell'impegno elettorale ogni mia risorsa intellettuale, oltre che materiale. Ma questo non bastò

a vincere il "sistema dei CAF" che la faceva da padrona in una matrice socio-politica di paese.[14] Arrivai solamente quinto dei non eletti della mia lista. Chiusa parentesi.

Esclusivamente qualche sparuto amico nel corso dei mesi venne a conoscenza del mio avvicinamento allo studio dell'opera. Tenni il segreto per un anno intero, e non fu facile (studiando e vocalizzando a casa con la presenza dei miei!).

Per esempio, mia sorella Loriana (che nel frattempo studiava per i test di medicina), un giorno entrò nella mia stanza mentre provavo un'aria e mi urlò "Ma che problemi hai?!".

Solo mesi più tardi le rivelai che problemi avessi. A parte Claudio, in quel periodo potei contare solo sull'appoggio di Emanuela, la quale mi ripeteva che avessi tutto il suo incondizionato sostegno, e così è sempre stato.

---

[14]https://www.comune.acicastello.ct.it/Repository/Acicastello/Upload/2018/id_24422/elezioni_2014-compressed.pdf

2. INIZIO DEGLI STUDI

Nel curriculum di un cantante lirico questa storia non viene raccontata: ci sono solo i risultati positivi, i traguardi, i meriti. Ma questi non sono altro che la punta dell'iceberg.

Dietro ci stanno assai spesso sacrifici, impegno, studio, fatica, e di frequente anche delusioni e umiliazioni. E' il destino di chi decide di salire su un palco e farsi giudicare da un pubblico, da una giuria o da un critico musicale. E' il destino di chi decide di mettersi alla prova, e di sottoporsi alla critica.

In quel primo incontro il maestro Piccolo mi disse che c'era del materiale su cui lavorare, che valesse la pena provare, che avessi una buona estensione e un bel timbro, che fossi fortunato ad avere una (seppur minima) infarinatura musicale,[15] ma anche che se non avessi reagito agli stimoli didattici mi avrebbe scaricato, che se non avessi studiato mi avrebbe mandato a casa e che dipendesse tutto dalla mia attitudine e dalla mia buona volontà.

Grosso modo era la stessa cosa che dicevo io ai miei alunni di chitarra, e consapevole dell'importanza

[15] Me ne resi conto quando ho conosciuto altri studenti che non avevano mai avuto precedenti approcci con la musica. Questo mi permise di essere notevolmente più avanti nei progressi.

della didattica e dell'apprendimento, prendevo appunti dettagliati su tutto quello mi venisse impartito.

La prima vera e propria lezione di canto avvenne lunedì <u>8 settembre 2014</u> alle 11.00 del mattino e durò (come tutte le altre a seguire) due ore.[16]

Dicevo ai miei genitori che andassi a dare lezioni di chitarra a domicilio. E ci credevano.

Come da prassi venni "etichettato" dal maestro - in via provvisoria - come baritono (o *bassbaritòn*, come amava dire). Ovviamente era ancora presto per dirlo:

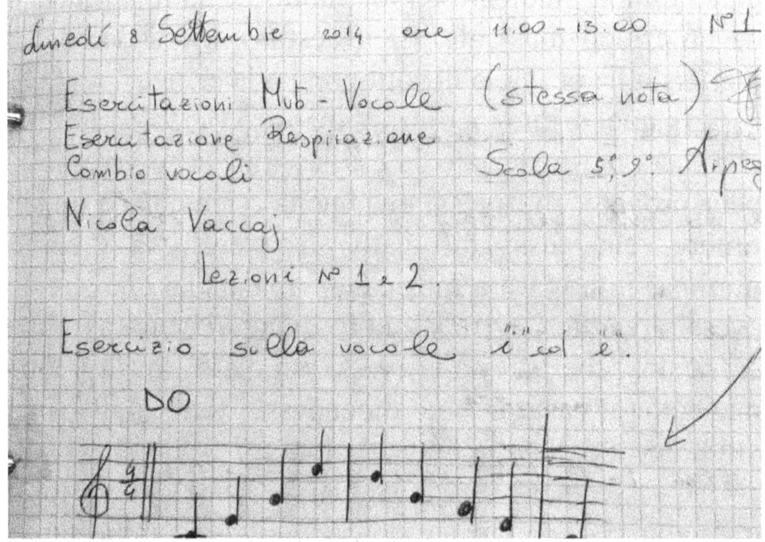

Appunti della prima lezione di canto

[16] Di ogni lezione ho appuntato una pagina su un quaderno con data, orario e argomenti del giorno.

sarei potuto essere anche un tenore drammatico, o un basso buffo. Sapevo solo le note che non riuscissi a prendere, sia in altezza che nei toni gravi, per cui in realtà sapevamo solo quello che non ero.

Con certezza mi sono trovato fin da subito comodo sui registri gravi (basso e baritono) per cui fu facile cautelativamente dire *bassbaritòn*.

Le prime arie che studiai dunque – altre ovviamente ai brani del Vaccaj - furono da basso, per andarci cauti: "*Vi ravviso, o luoghi ameni*" da "La Sonnambula" di Vincenzo Bellini - per esempio - fu uno dei primi brani trattati.

Ricordo che fossi completamente ignaro del significato di molte parole (sappiamo bene che la lingua dei libretti spesso è lontana dall'italiano comune), del lessico tecnico e della terminologia usata per la didattica.

Capivo una parola su tre di quelle che mi venissero dette. Pian piano maturai quella dimestichezza necessaria per padroneggiare, prima i termini, e poi la loro applicazione nella tecnica del canto.

Per esempio, ho dovuto imparare a collegare le parole alle sensazioni, come "l'uso del diaframma", "del palato alto", "della laringe bassa", "della cavità", "del suono avanti", "del suono in maschera", "della punta", dello "squillo", badando di non finire con "la voce indietro o intubata", "la voce schiacciata o nasale", "la laringe alta", "la voce ingolata", etc.

Mettevo in pratica quello che imparavo nel mio lavoro con Claudio, e questo faceva sì che diversi ascoltatori, più o meno avvezzi all'opera, si accorgessero della mia voce impostata chiedendomi "Ma che ci fai qui?", "Dovresti cantare nei grandi teatri", "Ma perché non studi canto lirico?", etc., crescendo di pari passo le "richieste" di brani impegnati.

Oleg Korotkov e Graziano D'Urso a Milo. Luglio 2016

Parentesi: Una volta – nel 2016 - trovai in un ristorante[17] a Milo anche un basso russo, solista del Teatro dell'Opera di Praga, il M° Oleg Korotkov, che si accorse di me e col quale intrattenni un piacevole duetto improvvisato sulle note di brani celebri della tradizione cameristica e operistica italiana, mentre io continuavo ad accompagnare la chitarra cantando, e Claudio a suonare il violino. Ci scambiammo i contatti ma l'incontro non ebbe un seguito. Chiusa Parentesi.

A un anno dall'inizio degli studi venne il momento di preparare l'ammissione al Triennio Accademico in Canto all'Istituto Superiore di Studi Musicali "Vincenzo Bellini" di Catania.

Dovetti prepararmi adeguatamente anche in teoria e solfeggio, data l'esigenza della prova di teoria. In un primo momento fu lo stesso Claudio ad aiutarmi: in auto, prima delle nostre esibizioni, mi insegnava il solfeggio, il setticlavio, la teoria musicale, l'armonia.

Successivamente mi indicò una docente di teoria e solfeggio che avesse potuto formarmi completamente: la Professoressa Vincenza Brunetto.

Studiai qualche mese con lei e poi affrontai i test di ammissione: era il settembre 2015, e mi accingevo a compiere un passo importante, studiare canto accademicamente.

---

[17] Capitò di incontrare anche professori di conservatorio che di lì a poco sarebbero diventati i miei docenti.

Era giunto il momento anche di svelare il segreto ai miei, che, contro ogni previsione, non la presero malissimo, anzi: mi dissero – e soprattutto mia madre – che la musica, a differenza della politica – fosse una materia bella e da assecondare, e che non dovessi avere nulla a temere sulla loro possibile reazione. Mha!

Sono convinto che questa risposta fosse dettata dalla presa di coscienza che avessi nascosto il tutto per dodici mesi, che se lo avessi detto subito non avrei avuto la medesima risposta, e che i timori di mia madre sull'abbandono degli studi giuridici fossero sempre più fondati.

Per esempio, continuò a dirmi che dovessi terminare gli studi giuridici, che mi mancassero pochi esami, e che fosse stato un peccato lasciare.

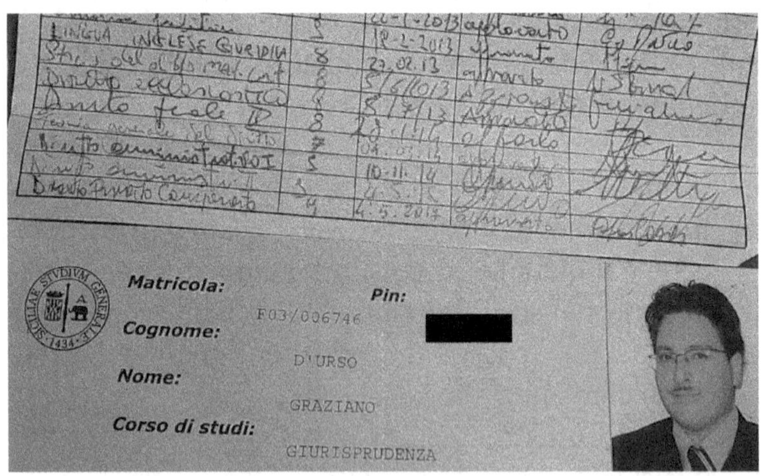

Matricola: F03/006746
Pin:
Cognome: D'URSO
Nome: GRAZIANO
Corso di studi: GIURISPRUDENZA

Libretto universitario degli esami sostenuti al maggio 2017

Il mio conseguente comportamento fu che – visto che pagavo da me gli studi – decisi da solo sul da farsi, abbandonando legge e dedicandomi esclusivamente allo studio del canto.

Questo però non avvenne subito: continuai a studiare giurisprudenza, dando qualche esame, fino al maggio 2017, poi basta. Rinunciai. Il peso era diventato insostenibile.

Il fatto più strano di questo periodo fu che non riuscì ad entrare in conservatorio ma riuscì ad entrare in un coro lirico pronto ad una serie di tournée all'estero, tra cui Macao, Cina e Svizzera.

Al test in Istituto arrivai primo in graduatoria per la classe di canto: idoneo in teoria e solfeggio e votazione 8 per la prova di canto. Il motivo per cui non entrai fu l'assenza di posti liberi. Proprio così: non c'erano posti liberi per l'ingresso di nuovi studenti in classe.

Ero arrivato primo in graduatoria per la classe di canto ma non entrai. Perché allora feci il test? Perché la graduatoria, della durata di un anno, sarebbe valsa per il potenziale ingresso (mio, e a seguire degli altri classificati) in caso di liberazione di posti in classe.

Non si liberò alcun posto nell'anno accademico 2015/2016. E non ho potuto iniziare a studiare accademicamente. Per questo motivo ho perso un anno.

Ma contemporaneamente avvenne qualcosa di inaspettato.

Il Maestro Piccolo mi domandò alla fine dell'estate 2015 durante una lezione: "Vuoi andare a cantare un mese in Cina? Si parte tra due settimane."

Parentesi: C'è da dire che sono una persona piuttosto ironica, faccio spesso battute, volentieri i miei interlocutori non capiscono se io sia serio o stia scherzando, se faccia battute sottilissime e osservazioni strambe. Questo l'ho preso da mio padre. Sono una persona che sta al gioco, e spesso rispondo con la stessa ironia con quale mi vengono fatte le battute.

C'è da dire anche che sono rimasto impressionato da un film interpretato da Jim Carrey, intitolato "Yes man", per cui ho imparato a dire sì alle nuove sfide, al cambiamento e alle proposte più strane. Forse, se non

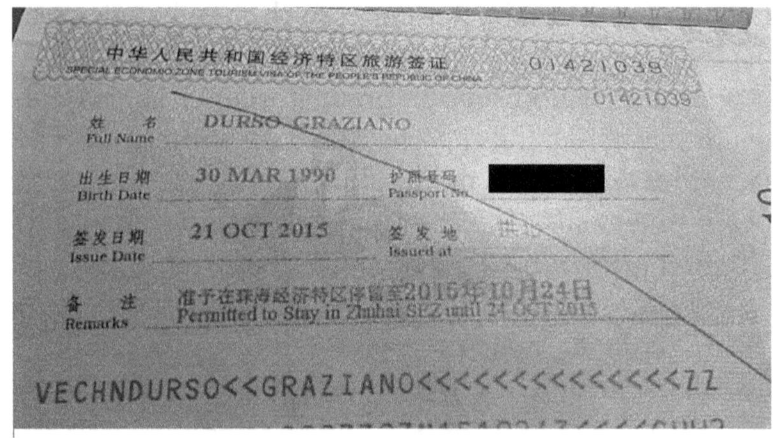

Visto per la Cina, dogana di Zhuhai – 21 ottobre 2015

avessi abbracciato – anche seppur in parte – la filosofia dello yes-man, oggi non sarei qui.

Tornando alla domanda del maestro Piccolo: potevo benissimo credere di doversi trattare di una battuta; o anche quando non lo fosse, potevo pensare di dovermi far trovare non impreparato alle occasioni. Chiusa Parentesi.

Risposi: "Sì, cosa devo fare?" con una naturalezza con la quale si risponde alla domanda "Vorresti un caffè?".

"Devi andare in Via Milo 11 a Catania – mi replicò -, dove si tengono di solito le audizioni dell'Associazione Coro Lirico, ti fai ascoltare senza fare il mio nome, e vedi se ti prendono. Se vai adesso verrà con te un altro mio alunno, Angelo, lo troverai lì ad aspettarti."

Accettai e andai. Come da sua istruzione trovai lì questa magnifica voce di basso di quello che sarebbe diventato il mio amico Angelo Sapienza, e facemmo audizione.

L'Associazione Coro Lirico aveva un organico stabile, ma per la tournée di Macao cercava dei rinforzi per raggiungere il numero di circa 80 coristi. L'audizione era quindi finalizzata alla stipulazione di contratti per gli aggiunti. Finito quell'impegno ognuno per la sua strada (come fu per quasi tutti gli aggiunti).

Eppure Angelo e io ci sentimmo dire dal direttore del coro al termine dell'audizione (che si incentrava su lettura prima vista e vocalizzi) "Per me potete rimanere in pianta stabile in organico".

Ci sentimmo anche domandare tre o quattro volte "con chi studiate" e con non poco imbarazzo rispondemmo puntualmente "con nessuno", e il direttore replicò "sì certo, venite qui, fate audizione e non studiate con nessuno!".

Abbiamo avuto l'impressione di essere riusciti ad aver mantenuto il segreto per qualche mese. Forse.

Ebbene, fummo presi sia per la tournée sia in pianta stabile.

Ora il problema era dire ai miei – che da poco avevano saputo che io studiassi canto lirico – che entro due settimane sarei partito per la Cina per un mese.

Graziano D'Urso e Angelo Sapienza in abiti di scena, ottobre 2015

3. L'ESPERIENZA NEL CORO E GLI STUDI ACCADEMICI

Mia madre mi domandava a cosa mi servisse cantare quelle musiche col canto impostato a casa (facendo riferimento alle arie d'opera) quando ancora non le fosse stato svelato il segreto del mio studio. Le dicevo che mi "aiutavano nel canto" per il lavoro con Claudio, e lei non faceva altre domande, anche se – come ha rivelato tempo dopo – la cosa non le fosse del tutto chiara. Usciva dalla mia stanza con un "boh!" stampato in faccia.

La sera dell'audizione tornai a casa tardi e non potei dare la notizia ai miei, dormivano già. Era l'ultima settimana di settembre, a alle 7 del mattino del giorno dopo mi svegliai trovando nella mia stanza mia madre che sistemava vestiti nell'armadio.

Aperti gli occhi le ho detto "Mamma, devo dirti una cosa. Hai presente che ho cominciato a studiare canto e tra qualche giorno ho l'esame di ammissione in Istituto? Bene. Ho fatto pure una audizione in un Coro Lirico, mi hanno preso e tra due settimane parto per la Cina, manco un mese."

Ho dovuto ripeterglielo due volte prima che ne prendesse coscienza. Io ero molto contento di questa situazione e cercai di trasmettere tutte le mie emozioni ai miei genitori, amici e parenti.

Parentesi: fra i dodici e i quattordici anni ho frequentato dei corsi di teatro (dove ho oltretutto interpretato in prosa Alfio in Cavalleria Rusticana) oltre che di chitarra, e nel mio tema di terza media ho scritto che il mio sogno nella vita fosse stato quello di calcare i palchi del mondo. Questa frase mi fu incoraggiata oltretutto dalla **Professoressa Graziella Rimini**, che in quegli anni mi regalò un CD proprio di Cavalleria Rusticana di Mascagni. Il sogno del tema

Macao, quartiere dei casinò. Ottobre 2015

della licenza media stava per esaudirsi. Chiusa parentesi.

Sbrigate in tempo record tutte le pratiche per l'espatrio, e studiata la parte di baritono del coro del *Faust* di Charles Gounod (in francese! assieme ad altri pezzi da concerto corale), partì alla volta di questo staterello cinese di nome Macao.

Ho così imparato che Macao fosse una amministrazione speciale, ex colonia portoghese, e che fosse storicamente, architettonicamente, culturalmente, religiosamente e linguisticamente legata all'Europa (e al Portogallo) su territorio cinese praticamente: uno stato a tutti (o quasi) gli effetti che dal momento della sua indipendenza si era trasformato dalla storica e caratteristica meta turistica culturale alla "Las Vegas" dell'oriente: una città stracolma di casinò, hotel di lusso, sale giochi, ristoranti e gioiellerie. Ma la cosa più strana era l'illuminazione a giorno di ogni via, porta, palazzo, e piazza!

Feci il mio debutto come corista sia in scena che in concerto. Stipulai il mio primo contratto, e così ero diventato un artista del coro. Per me il canto lirico non era più solo esclusivamente un momento didattico, ma adesso anche uno strumento professionale.

Feci l'esperienza della prova costume, delle prove di regia, delle prove musicali, e tutto ciò mi sembrava bellissimo!

Non ero ancora un solista, ma già assaporavo il palcoscenico, il suono proveniente dall'orchestra in buca, i ritmi delle prove. Cominciavo a capire il senso teatrale della musica, e imparavo sempre meglio il lavoro del cantante, e più in genere, dell'operatore di teatro. Facemmo tre recite d'opera e un concerto coristico.

Nel mese trascorso lì ho avuto l'occasione di visitare non solo tutta la città, i musei, i templi, le attrattive del posto, ma anche la vicina città di Hong Kong e Zhuhai.

Cultural Centre of Macau, Ottobre 2015

Il teatro era bellissimo: il Centro Culturale di Macao, una struttura nuovissima (come tutti i grandi teatri d'opera della Cina ovviamente) e all'avanguardia.

Seguirono altre esperienze coristiche all'estero (oltre che in patria). Fui ingaggiato come rinforzo in Svizzera, all'Oper Schenkenberg in occasione della messa in scena di *Rigoletto* di Giuseppe Verdi nell'agosto 2016 (dove per un mese intero assieme ai miei colleghi coristi siciliani siamo stati ospiti nella città di Brugg) in Argovia.

In quell'occasione cantai anche nella Concert Hall "Villa Boveri" a Baden sempre in ensemble nel concerto di canzoni d'amore italiane. Facemmo nove recite d'opera e due concerti.

Nel mese trascorso lì ho avuto l'occasione di visitare i principali centri dell'Argovia oltre che a Basilea, Zurigo, Berna, e diverse altre città della Svizzera (di cui parlerò più avanti).

Era la mia seconda produzione all'estero e cominciavo ad entrare nell'ottica della professione dell'artista internazionale. Dovevo cominciare a farci l'abitudine.

In patria invece mettevo piede il mese prima sempre con l'Associazione del coro lirico anche sul palcoscenico del Teatro Antico di Taormina nella

In abiti da "cortigiano" in Svizzera. Agosto 2016

Cavalleria Rusticana di Pietro Mascagni. Mentre con un'altra associazione giravo la Sicilia con un'operetta.

Ma contemporaneamente dovevo fare i conti con il test d'ingresso all'Istituto Superiore di Studi Musicali "Vincenzo Bellini" di Catania (per la seconda volta!)

Infatti nel settembre 2016 ci furono gli esami di ammissione, e, scaduta la graduatoria dell'anno precedente, dovevo nuovamente cimentarmi nell'audizione oltre che alla prova di teoria.

Ripassai da me la teoria e il solfeggio e superai anche questa volta ampiamente l'esame. Per la parte pratica, se nel 2015 portai un'aria da basso (buffo), e cioè "*Già d'insolito ardore*" dall'*Italiana in Algeri* di Gioacchino Rossini, assieme a vocalizzi e aria antica e da camera, adesso nel 2016 invece portai un'aria da baritono (verdiano): "*Eri tu che macchiavi quell'anima*" da *Un ballo in maschera* di Giuseppe Verdi.

Quest'ultimo brano mi aveva rapito e mi aveva fatto innamorare della musica del cigno di Busseto, mutando il mio originario interesse a dispetto di Gioacchino Rossini (che precedentemente tanto ascoltavo).

Grande parentesi: C'è stato infatti un momento in questi anni che io dubitassi sul mio registro vocale: pensavo di essere un basso buffo di tipo rossiniano, e infatti in una o due audizioni mi sono presentato come tale con arie di Gioacchino Rossini.

Fu in queste occasioni che mi si fece notare che in realtà io non solo non fossi una voce da basso, ma che potessi oltretutto essere anche una voce di tenore drammatico (questo – ho scoperto più tardi - a motivo del fatto che, non avendo ancora una tecnica vocale ben salda, tendevo a stringere la gola sulle note acute e gli armonici di conseguenza risaltavano come in un registro tenorile). Ecco che il direttore del coro – contro ogni indicazione del mio maestro Filippo Piccolo – valutò di inserirmi nella sezione dei tenori secondi per la successiva tournée cinese che si svolse nel dicembre 2016 e gennaio 2017 nelle freddissime città nella Repubblica Popolare Cinese di Tianjin e Harbin.

I problemi cominciavano a nascere con riferimento ai pareri discordanti sulla mia vocalità col direttore del coro: da un lato il mio maestro che asseriva che io fossi un bassbaritòn, dall'altro lato il maestro del coro che riteneva io fossi un tenore.

Di fronte a questi due fuochi (e in concomitanza dell'imminente seconda tournée in Cina) non mi restava che tagliare la testa al toro e recarmi da un

Pechino, Piazza Tienanmen. Dicembre 2016

foniatra per una valutazione specialistica (anche perché cantare da tenore secondo il coro di *Turandot, I Pagliacci,* etc. mi avrebbe affaticato non poco).

Il medico foniatra da cui mi recai – suggeritomi oltretutto dal presidente dell'associazione del coro lirico - fu il **Dottor Giuseppe Pennisi**, che, con una serie di analisi specialistiche (e molti consigli in diverse occasioni), diede questo responso:

Paziente D'Urso Graziano.

Studio dell'apparato fonatorio in relazione alla classificazione vocale del canto classico.

Studio del generatore vocale.

La frequenza fondamentale (Fo) predetta attraverso il rilevamento della misura somatica corrispondente alla distanza tra il margine superiore dell'incisura dello scudo tiroideo e il margine inferiore della cartilagine cricoide risulta uguale a 122 Hz (Si 2). La Fo media rilevata tramite campione vocale di 60 secondi risulta uguale a 111,63 Hz (La 2). Entrambi valori presentano compatibilità con il registro di baritono.

Studio del tratto vocale di risonanza.

Formante del canto presente con valore medio del range pari a 2576 Hz, compatibile col registro di baritono. La lunghezza totale del tratto vocale sopraglottico rilevata su esame radiografico è pari a 200,6 mm. Tale lunghezza risulta compatibile con

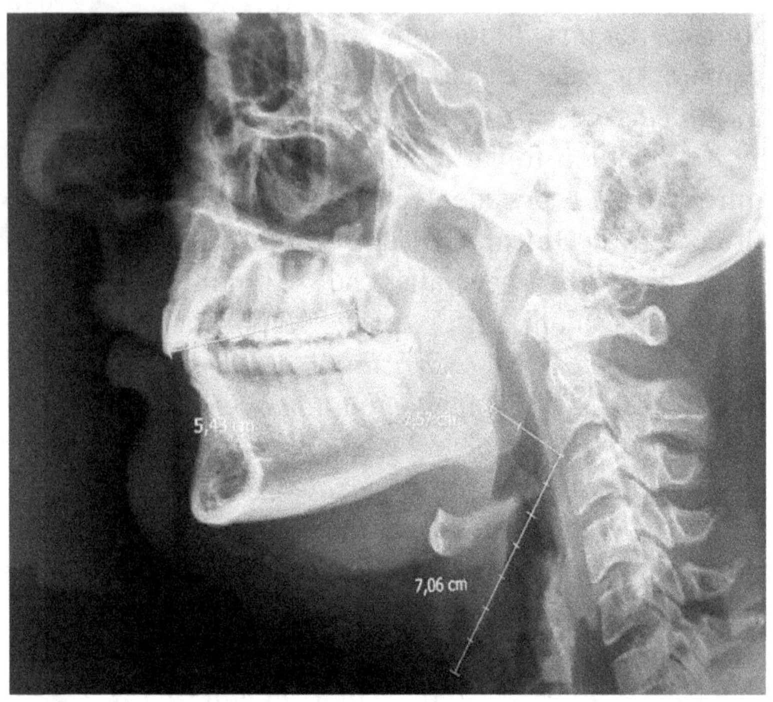

Esame radiografico per misurazione della lunghezza del tratto vocale di risonanza. Settembre 2016

registro vocale grave. La frequenza di risonanza del condotto è di 425 Hz (Sol#4).

L'ottava a maggior range di ampiezza (tessitura vocale) calcolata in relazione al punto di risonanza, corretta di un'ottava per voci maschili, sarà compresa tra 150 Hz e 300 Hz, cioè approssimativamente tra Re3 e Re4. Tali valori presentano maggiore compatibilità con il registro di basso o baritono.

Fonetogramma.

Limite inferiore dell'estensione vocale (su registro naturale): Si 1.

Limite superiore (attuale) dell'estensione vocale: Sol4.[18]

Il grafico appare di forma irregolare in quanto prodotto du un soggetto attualmente in fase di acquisizione di competenze tecniche vocali con escursione limitata tra intensità minima e massima. L'attendibilità e la regolarità di forma del grafico per la valutazione della tessitura reale dipende dal grado di gestione vocale ed è quindi funzione del training vocale. Tuttavia, l'ottava con livelli di intensità più stabili risulta coerente con quella derivata dalle caratteristiche acustiche del tratto vocale di risonanza cioè compresa tra Re3 e Re4. I limiti di estensione naturale, soprattutto verso i toni gravi, risultano maggiormente compatibili con registro grave.

In conclusione valori somato-acustici del generatore vocale e del tratto vocale di risonanza in condizioni di accoppiamento ed entrambi compatibili con registro vocale di baritono. Tale considerazione, di natura prettamente scientifica, vale come indicazione al fine di prevenire il deterioramento precoce della funzione vocale in seguito all'aumento

---

[18] Anni più tardi consolidai come limite superiore un distinto Si♭4.

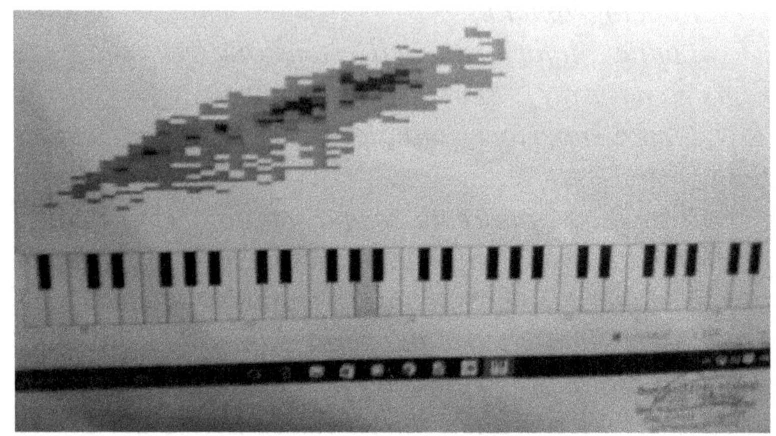

Fonetogramma. Settembre 2016

dei costi biologici associati alla scelta del repertorio non idonea alle caratteristiche anatomo-funzionali dell'apparato fonatorio. Il Foniatra

Chiarito questo, ormai non potevano esserci più dubbi: ero (e sono) un baritono. Ma il contratto per la tournée era stipulato ed ero in organico come tenore.

Mi fu assicurato tuttavia che dalle successive produzioni avrei cantato da baritono, così come sarebbe dovuto essere (ma non fu, come dirò appresso).

Per la soconda tournée cinese, fatta eccezione per due titoli – *Cavalleria Rusticana* di Pietro Mascagni e *Carmina Burana* di Carl Orff, che già in passato avevo cantato da baritono – cantai quindi la parte di tenore secondo del coro (così come mi fu assegnato per il *Rigoletto* in Svizzera) in tutti i titoli che furono messi in scena: *Le Nozze di Figaro* di Wolfgang Amadeus Mozart, *Turandot* di Giacomo Puccini e *I Pagliacci* di Ruggero Leoncavallo.

In quella occasione furono messe in scena dodici recite d'opera e quattro concerti coristici. Ebbi l'occasione di visitare, oltre alle due grandi città summenzionate, anche Pechino e le principali attrattive di ghiaccio e di neve nelle vicinanze della freddissima Harbin (un giorno registrammo anche la temperatura di -24° al sole!). Chiusa grande parentesi.

In conservatorio arrivai anche la seconda volta primo in graduatoria per la classe di canto, con la votazione di 9 su 10, e potei finalmente immatricolarmi come studente dell'Istituto Superiore di Studi Musicali "Vincenzo Bellini" di Catania. Lo studio accademico procedette spedito e lineare fino al raggiungimento del titolo di diploma accademico di primo livello in canto, conseguito con votazione 110 e Lode il 21 ottobre 2019 e con una tesi sul capolavoro verdiano "Un ballo in maschera" che pubblicai[19].

Iniziato l'anno accademico mi candidai per le imminenti elezioni studentesche di rappresentanza in Consulta degli Studenti, e per il conseguente rinnovo degli organi di gestione dell'ente AFAM quali il

[19] GRAZIANO D'URSO, *Un ballo in maschera. Analisi storica, bibliografica, drammaturgica e compositiva del capolavoro verdiano*, Raleigh, Lulu.com, 2020.

Consiglio di Amministrazione ed il Consiglio Accademico. La fiamma della competizione elettorale e della politica in realtà non mi si spense mai.

La mia lista era formata da quattro candidati e questa volta la lista vinse le elezioni, ottenendo due seggi in Consulta degli Studenti. Tuttavia io fui secondo dei non eletti, per cui dovetti aspettare la l'autunno 2018 per insediarmi in Consulta.

Nel maggio 2019 arrivò la nomina ministeriale che mi rendeva membro – su indicazione della consulta degli studenti – del Consiglio di Amministrazione dell'Istituto Superiore di Studi Musicali "Vincenzo Bellini" di Catania.

Da sinistra: Antonio Di Carlo, Mattia Scandurra, Mattia La Piana, Graziano D'Urso, lista "Conservatorio Bene Comune". Novembre 2016

Parentesi: Non ero nuovo a incarichi amministrativi. Nel corso degli ultimi anni ero stato vicepresidente prima e presidente poi della Consulta Giovanile del Comune di Acicastello (e membro costituente della Rete Etnea delle Consulte Giovanili), Presidente del Gruppo Comunale di Acicastello dell'AIDO – Associazione Italiana dei Donatori di Organi, Tessuti e Cellule (e membro dell'assemblea provinciale e regionale dell'AIDO), oltre che responsabile di altre entità private.[20] Inoltre avevo un precedente da studente di giurisprudenza. Chiusa parentesi.

Svolsi il mio incarico per tutta la durata del mandato. Nel frattempo cominciai a studiare, fra le altre materie, pianoforte con Paola Lupo, arte scenica con Giovanni Grasso, repertorio con Alberto Alibrandi, liederistica con Carmelo Pappalardo e canto con Filippo Piccolo. Un periodo di grandi stravolgimenti stava per cominciare, e la mia vita non sarebbe stata più la stessa a partire dalla primavera-estate seguente.

Infatti la transizione iniziò nel maggio 2017 quando cominciai ad affacciarmi al mercato solistico e davo l'ultimo esame all'università. Nel luglio seguente così terminavo la mia collaborazione nel duo acustico "Claudio & Graziano" e nell'Orchestra Galatea (non

---

[20] Comitato Culturale "Akis Live Music Project", Galatea – L'Orchestra del CSA, Orchestra "Riviera dei Ciclopi", etc.

senza prima aver inciso un CD autoprodotto anche con la partecipazione di Claudio Quartarone: Pop Opera – Volume I), e portavo a conclusione anche la mia collaborazione con l'associazione del coro lirico.

Nel frattempo, seguendo il responso del foniatra, prendevo coscienza della mia voce e capì che delle sei gradazioni di baritono: (dal basso: bassbaritòn, baritono drammatico, baritono lirico-spinto, baritono lirico o cantabile, baritono leggero o brillante e baritenore) io mi collocassi in prossimità di quella medio-grave, e per l'esattezza nel sottoinsieme del baritono lirico-spinto, altrimenti detto *verdiano*.

Questa categorizzazione, legata alla mia crescente passione per la musica di Giuseppe Verdi mi ha guidato nei successivi anni di inaugurazione della carriera solistica.

Al Teatro alla Scala di Milano, in visita in occasione di un'audizione per Opera Stage. Maggio 2017

4. L'INIZIO DELLA CARRIERA

La Professoressa Graziella Rimini, che già ho citato nel paragrafo precedente, era una mia vicina di casa, grande appassionata di musica classica e soprattutto di Opera. Docente di lettere, fu una grande influenza positiva per la mia crescita culturale e la ricordo sempre con grande affetto e gratitudine.

Scomparve all'alba del 15 giugno 2014 e non venne mai a sapere che pochi mesi più tardi avrei intrapreso il percorso dell'artista lirico. Quel giorno avevo da dirigere un concerto a Zafferana Etnea dell'Orchestra Galatea, e non esitai a dedicargliene le musiche.

Mi piace pensare che in realtà, ovunque lei sia, sappia del mio percorso e ne abbia guidato tutti i passi sino a oggi.

I primi concerti da cantante lirico – baritono solista li tenni a partire dal 29 dicembre 2014 presso la Chiesa del SS. Crocifisso dei Miracoli di Catania, la Chiesa di San Giovanni Battista di Aci Trezza, la Villa Silvia a Valverde, l'Unione Italiana Ciechi di Catania, l'Auditorium dell'Istituto Superiore di Studi Musicali "Vincenzo Bellini" di Catania, in diversi istituti scolastici e religiosi del catanese e al Museo Diocesano di Catania, interpretando sovente arie da camera di Vincenzo Bellini e Giuseppe Verdi, esordendo nel repertorio operistico con brani scelti dai ruoli di Rodolfo da "La Sonnambula" di Vincenzo Bellini, e di Mustafà da "L'Italiana in Algeri" di Gioacchino Rossini.

In uno di questi concerti (e per l'esattezza il 14°) il 27 novembre 2016 presso la Basilica di Aci San Filippo, registrai e misi online alcuni video della mia esibizione. In quell'occasione cantai la mia aria

Da sinistra: Graziano D'Urso, Sonia Fortunato, Simone Massimino e Maria Grazia Tringale. Concerto "Mettiamoci all'Opera" ad Aci San Filippo. Novembre 2016

preferita "*Eri tu che macchiavi quell'anima*" da Un ballo in maschera di Giuseppe Verdi, seguita da un'altra aria dello stesso autore: "*Cortigiani, vil razza dannata*" dal Rigoletto. Per inciso: fu il primo concerto da solista in cui fui pagato.

I video online furono visti anche da una cantante che conobbi a una audizione dell'estate precedente a Catania (dove mi fu detto dalla commissione che potessi essere tenore!), e mi contattò scrivendomi e chiedendomi se avessi già pensato a fare audizione per una agenzia e se avessi già iniziato a lavorare nel mercato teatrale operistico.

Ovviamente risposi alla nuova collega, il soprano **Maria Francesca Mazzara**, di no, e che non avessi nessuna esperienza nel mercato solistico, né un'agenzia di rappresentanza, né un curriculum operistico (a parte il coro, le uniche mie esperienze musicali erano state quelle dell'orchestra come chitarrista) e soprattutto che non sapessi quali passi muovere nel settore.

Mi suggerì di contattare la sua agenzia di allora, la "Opera Stage" di **Paulina Abber,** di mostrare i miei video e chiedere un'audizione.

Contattai l'agenzia che mi rispose subito e mi chiese – come è corretto che sia – curriculum artistico, due link video ottima qualità, due foto ottime qualità, repertorio, impegni futuri, etc.

Non avevo praticamente nulla di tutto ciò. Avevo solo quei due video della Basilica di San Filippo. Il Curriculum mio fin a quel momento era limitato all'esperienza nel coro e nell'orchestra prima. E soprattutto non avevo di certo impegni futuri. Le foto si, le avevo, quelle dei manifesti della campagna elettorale. Mandai quelle.

Convinto che l'iniziativa non avesse prodotto risultato alcuno, mi dedicai interamente a un progetto scolastico, il quale mi avrebbe valso di lì a poco il mio primo debutto operistico.

Graziano D'Urso e Margherita Aiello nei panni di Tascadoro e Belarina ne "L'Amante Burlato" di Paolo Altieri. Teatro Sangiorgi di Catania. Maggio 2017

Avrei dovuto infatti vestire i panni di Tascadoro nell'intermezzo buffo in due atti "L'Amante Burlato" di Paolo Altieri, regia del Professore Giovanni Grasso (che tanto mi aiutò nell'arte scenica) e direzione d'orchestra del maestro al cembalo Professor Salvatore Carchiolo, in coproduzione con il Teatro Massimo "Vincenzo Bellini" di Catania, Carla Marotta maestro di concerto, Orchestra Barocca dell'Istituto Superiore di Studi Musicali "Vincenzo Bellini" di Catania.

Nel frattempo però, con una email pervenutami a fine aprile 2017, l'agenzia mi chiedeva se fossi disponibile per una audizione di lì a poco a Zurigo per uno dei ruoli in concorso dell'opera (farsa in un atto) "I pazzi per progetto" di Gaetano Donizetti.

Accettai senza fare domande: avrei dovuto cantare un'aria dal mio repertorio. Facile.

Nella stessa giornata mi perviene un'altra email (che sostituì la prima) più interessante dallo stesso mittente: audizione per il ruolo di Renato di "Un ballo in maschera" di Giuseppe Verdi per la settimana successiva a Milano.

Non potevo credere fossero solo coincidenze!

Accettai ancora senza fare domande, avrei dovuto cantare proprio l'aria del video che mandai all'agenzia "*Eri tu che macchiavi quell'anima*" e nulla più. Tanto sarebbe bastato alla commissione della produzione per valutare la mia idoneità a rivestire il detto ruolo.

Nonostante la mia ancora acerba preparazione e la mia inesistente esperienza da solista partì, e il 6 maggio 2017 fui a Milano per l'audizione per la Compagnia d'Opera Italiana di Milano. L'entusiasmo era talmente tanto che avrei affrontato qualsiasi sfida.

Ospitato dai miei cugini di Milano, feci l'audizione e tornai a casa. Conobbi l'agente che mi disse che vi erano buone probabilità di successo. Per un mese intero vissi con l'ansia del responso della

Graziano D'Urso e Catarina Coresi nei panni di Renato e Amelia in "Un ballo in maschera" di Giuseppe Verdi. Teatro dell'Opera di Brasov. Ottobre 2017

commissione. Volevo tantissimo ottenere quel ruolo, il mio primo ruolo da solista professionista, un ruolo principale di un opera verdiana. Un sogno.

La notte che debuttai per conto dell'Istituto Superiore di Studi Musicali "Vincenzo Bellini" di Catania (e quindi non a carattere professionale ma semplicemente scolastico) insieme a Margherita Aiello (Belarina), Claudia Ceraulo (Volpiciona) e Ausilia Arrigo (Conte Florindo) l'intermezzo di Altieri al Teatro Sangiorgi di Catania, e cioè tra il 31 maggio e l'1 giugno 2017, arrivò l'email di conferma. Ero stato scelto per il ruolo di Renato in tournée in Romania, Austria e Germania.

Parentesi: Quando anni più tardi ho ricevuto un prestigioso premio (di cui parlerò più avanti) mi fu chiesto quale momento nella mia giovane carriera ritenessi di maggiore peso emotivo, ebbene io raccontai proprio questo aneddoto. Chiusa Parentesi.

Mentre festeggiavo nei giorni seguenti il risultato dell'audizione di Milano cominciavo anche a leggere le prime recensioni sul mio Tascadoro al Teatro Sangiorgi di Catania: "*Graziano D'Urso nella parte di Tascadoro ha esibito una vocalità ben timbrata e di notevole spessore, sempre ben calibrata e attenta nei passaggi di registro e nelle rifiniture*" – Giovanni

Pasqualino, BelliniNews del 02/06/2017, e poi "*Un collegamento strettissimo, quindi, quello esistente tra il libretto goldoniano e l'intermezzo di Altieri, dove l'amante che viene burlato, ovvero Tascadoro, è stato davvero ben interpretato dal promettente baritono Graziano D'Urso che ha donato al personaggio una vivace interpretazione scenica oltre a una vocalità avvolgente che ha palesato nell'aria Cari figli e nei numerosi recitativi*" – Redazione, I Vespri del 17/06/2017, e ancora "*L'amante burlato, il personaggio maschile che invece dà il titolo all'Intermezzo di Altieri, è l'ingenuo Tascadoro che*

TEATRO SANGIORGI

Piace l'intermezzo ritrovato

AIELLO E D'URSO

E' stato messo in scena al Teatro Sangiorgi l'intermezzo in due atti "L'Amante Burlato" di Paolo Altieri, la cui edizione critica è stata curata da Salvatore Carchiolo con l'adattamento e la regia di Giovanni Grasso, entrambi docenti dell'Istituto Superiore di Studi Musicali "Vincenzo Bellini". Il progetto, frutto di una collaborazione tra il Teatro Massimo Bellini e l'istituzione musicale catanese, nasce per iniziativa dei docenti dei dipartimenti di canto e di musica antica i quali hanno effettuato uno studio filologico riportando in auge l'opera di Altieri, compositore napoletano (1746-1820) il quale, nel 1768, poco più che ventenne, si trasferì a Noto fino alla fine dei suoi giorni.

L'intermezzo, tratto da "La Cantatrice", ossia "La Pelarina" di Carlo Goldoni, ha riscosso un grande successo da parte del pubblico. "L'Amante Burlato" si inserisce nell'ambito della tradizione degli intermezzi musicali somiglianti a delle opere comiche di dimensioni ridotte. Si è trattato di un debutto per Margherita Aiello, nel ruolo della protagonista Belarina (la Pelarina di Carlo Goldoni), la quale ha messo in luce una vocalità calda contraddistinta da ricchezza timbrica ed espressiva, oltre a una grande padronanza nei virtuosismi e nelle fioriture barocche. Molto apprezzata anche la prova di Graziano D'Urso che interpretava Tascadoro.

Articolo su La Sicilia. Giugno 2017

dalle figure femminili viene pelato ovvero derubato; quest'ultimo è stato interpretato con successo da Graziano D'Urso" – Santy Caruso, L'Alba del 12/06/2017, e infine "*Tra i quattro, un paio sono più avanti nella formazione (...la plasticità comica e verbale di Graziano D'Urso)*" – Alessandro Mastropietro, Il Giornale della Musica del 06/06/2017.

La tournée del *ballo in maschera* si sarebbe svolta solo nell'autunno venturo, ma nell'imminente estate una importante novità si sarebbe svelata di lì a poco.

Infatti nel luglio 2017 accettai un ingaggio che mi costò ("per motivi personali", testuali parole del direttore) il posto nell'associazione del coro lirico, ma mi aprì la strada al mercato dei festival operistici siciliani. Infatti – e per inciso – fu la prima produzione operistica in cui fui pagato.

Fui Moralés nella "Carmén" di Georges Bizet nella piazza d'armi della Castello Maniace di Siracusa il 14 luglio e il 5 agosto 2017, produzione del Mythos Opera Festival a Siracusa, direzione artistica di Katia Ricciarelli, direzione d'orchestra di Mirco Roverelli e regia di Enrico Stinchelli, orchestra filarmonica della Calabria. Membri del cast: Federica Carnevale (Carmén), Roberto Cresca (Don José), Sergei Murtazin (Escamillo), Elena Bakanova e Tea Purtseladze

(Micaela), Igor Cherniy (Zuniga), Sabrina Messina (Mercedes), Marzia Catania (Frasquita), Riccardo Palazzo (Dancairo), Antonio Pannunzio (Remenendado). Una delle recensioni fu la seguente: "*Graziano D'Urso godendo di una buona pasta baritonale regala al pubblico un Morales all'altezza della situazione, sempre attento all'articolazione e alla*

Elena Bakanova e Graziano D'Urso nei panni di Micaela e Moralés nella Carmén di Georges Bizét al Castello Maniace di Siracusa. Luglio 2017.

pronuncia." – Laura Cavallaro, Corriere dello Spettacolo del 22/07/2017.

Iniziavo così ad essere un nome di artista circolante nel settore operistico: avevo alle spalle un intermezzo baroccheggiante, avevo debuttato un'opera francese di fine ottocento, e mi accingevo a debuttare un'opera romantica italiana.

Nel giugno 2017 feci un'audizione a Piacenza per il ruolo di Seid ne "Il Corsaro" di Giuseppe Verdi nel concerto di anteprima in occasione della messa in scena dell'opera al Teatro Municipale. Nel luglio successivo fui semifinalista al concorso per l'ammissione all'Accademia Verdiana del Teatro Regio di Parma, interpretando l'aria di Renato "*Eri tu che macchiavi quell'anima*" da "Un ballo in maschera" di Giuseppe Verdi. Lo stesso giorno che seppi che la mia gara si arrestasse alla semifinale seppi anche che avessi superato l'audizione della vicina Piacenza. Colsi l'occasione per visitare Parma - nei cinque giorni del mio soggiorno in città – ed incontrare due colleghi: il mio conterraneo basso Emanuele Cordaro ed il tenore macedone Blagoj Nacoski, in quel periodo impegnati nella produzione dello "Stiffelio" di Giuseppe Verdi al Teatro Regio. Conobbi in quell'occasione il collega baritono Giovanni Tiralongo.

Frattanto mi esibì nello stesso mese di luglio al Teatro Greco Romano di Catania nello spettacolo di musica classica contemporanea "La Sfida dei Musici" con l'Orchestra Giovanile del Teatro Massimo "Vincenzo Bellini" di Catania diretta dal M° Andrea Gargiulo, nei ruoli di Maestri Tastoni e Bach, regia di Ezio Donato, produzione del Teatro Massimo "Vincenzo Bellini" di Catania.

Nel settembre successivo fui al Palazzo Francica Nava di Siracusa Gordiano, Vafrino e Re Atrace nella selezione di scene dagli intermezzi barocchi "Dalla padella alla bragia" di Domenico Filippo Contini, "L'Adalinda" di Pier Simone Agostini e "L'Empio Punito" di Alessandro Melani, direzione artistica e d'ensemble di Luca Ambrosio maestro al cembalo, coreografie di Melissa Gramaglia, regia e scene di Stefania

Nei panni di Re Atrace. Luglio 2017

Federico, produzione dell'Associazione Ninphea e Harmoniosi Concenti.

Il potpourri – denominato "*Il buon vin mi fa buon pro. Intermezzi buffi in cantina*" - nacque da un'idea di Luca Ambrosio che, sentendomi al Sangiorgi nel ruolo di Tascadoro, mi volle come voce grave nel suo spettacolo siracusano (spettacolo che replicammo l'anno seguente).

Lo stesso mese mi esibì all'Anfiteatro "Giuseppe Di Stefano" di Motta Sant'Anastasia in occasione della dedicazione del parco urbano al tenore mottese, e all'Auditorium "San Francesco" di Lucca nel ruolo di Vincenzo Gellner dell'Hochstoff e Dàrdano in arie e duetti scelti dalle opere "La Wally" e "Dejanice" di Alfredo Catalani in occasione della VII Edizione della rassegna di cori diretta dal M° Gianfranco Cosmi.

Da sinistra: Francesco Facini, Graziano D'Urso, Silvana Froli, Auditorium San Francesco di Lucca. Settembre 2017

Fu in quella trasferta lucchese che stipulai il contratto di rappresentanza con l'Agenzia Lirica "Opera Stage" e approfondì la tecnica vocale col basso **Francesco Facini**, maestro che mi ha curato anche a distanza per diverso tempo e per quasi tutte le produzioni successive.

E in seguito al mio debutto al Teatro San Giorgio di Taormina nel Festival dell'Italian Opera Live, avvenuto il 2 ottobre 2017, giunse il momento di partire per la tournée del *ballo in maschera.*

Partì per la Transilvania nove giorni dopo, e – a seguito di due settimane di prove (in cui conobbi anche giorni di riposo forzato a letto per un virus intestinale) - debuttai i ruoli di Renato e Silvano in "Un Ballo in Maschera" di Giuseppe Verdi nell'ottobre e novembre successivi in Romania (Teatro dell'Opera di Brașov),

Prima messa in scena di "Un balli maschera" al Teatro dell'Opera di Braso. Ottobre 2017

Germania (Parktheater di Augsburg, Theater di Gummersbach, Congress Park di Hanau) e Austria (Congress Center di Villach, Stadttheater di Wels, Stadttheater di Steyr) produzione della Compagnia d'Opera Italiana di Milano - Schlote Production, direzione d'orchestra di Traian Ichim e Luciano Alessandro Di Martino, regia di Corinna Boskovsky, Coro e Orchestra del Teatro dell'Opera di Brașov. Nella stessa occasione fui Renato (Un ballo in maschera) e Rigoletto (Rigoletto) nei quattro Galà in Romania (Teatro dell'Opera di Brasov), Austria (Kulturhaus di Knittelfeld) e Germania (Ruhrfestspielhaus di Recklinghausen e Hilpert-Theater di Lunen): il primo concerto oltretutto lo fece con 38 di febbre, a causa del virus che contrassi in Romania.

Il cast era formato da Riccardo Rados, Luca Bodini e Eric Vivion-Grandi (Riccardo), Catarina

Gran Galà della Compagnia d'Opera Italiana di Milano. Festspielhaus di Recklinghausen. Novembre 2017

Coresi, Annalisa D'Agosto e Manami Hama (Amelia), Otar Nakashidze e Dobromir Momekov (Renato), Anna Delfino e Elisa Maffi (Oscar), Max Sahliger (Samuel), Gianluca Di Canito (Tom), Otar Nakashidze e Dobromir Momekov (Silvano), Claudiu Bugnar (Giudice), Florin Grama (Servo d'Amelia). Nel tour in Romania, Austria e Germania ebbi l'occasione di visitare – oltre alle città sedi degli spettacoli - molteplici luoghi, tra cui Peles, Bran, Sinaia, Linz, Sattledt, Langenselbold, Essen, Dortmund e Bochum, oltre ad aver incontrato in una di queste città il mio compaesano Alfio Valastro (che assistette ad un mio concerto). L'anno volgeva al termine, e così si cristallizzava il mio avvio a carattere professionale nel mondo dell'opera.

Tornato in patria fui protagonista in diversi concerti al Palazzo della Regione Siciliana sede di

Concerto di Capodanno con la Filarmonica "Città di Modica". Teatro Garibaldi Modica. Gennaio 2018

Catania e al Teatro "Giuseppe Garibaldi" di Modica con l'Orchestra dell'Istituto Superiore di Studi Musicali "Vincenzo Bellini" di Catania (diretta dal M° Giuseppe Romeo), e con la Civica Filarmonica della Città di Modica (diretta dal M° Francesco Dipietro) per i galà lirici di Natale ed il doppio concerto di Capodanno (occasione nella quale inaugurai la mia collaborazione con l'Ibla Classica International diretta artisticamente dal Professor Giovanni Cultrera.

Prima della fine dell'anno, ancora, all'Accademia Filarmonica di Roma superai le selezioni per la 69° edizione del Concorso As.Li.Co del Teatro Sociale di Como, interpretando l'aria di Renato "*Eri tu che macchiavi quell'anima*" da "Un ballo in maschera" e l'aria di Falstaff "*L'onore, ladri!*" da "Flastaff" di Giuseppe Verdi.

Giunto al Teatro di Como (in cui incontrai la mia amica soprano Giuliana Distefano), il gennaio seguente, però il sogno di partecipare al Concorso

A Como, per il Concorso As.Li.Co. Gennaio 2018

As.Li.Co. si concludeva già alla prima fase di eliminazioni. La delusione del concorso As.Li.Co. andava così a sommarsi a quella dell'Accademica Verdiana di Parma del luglio precedente, e delle audizioni al Teatro "Giuseppe Verdi" di Pisa e del festival del Luglio Trapanese in cui mi cimentai a novembre.

Come se non bastasse andò male anche l'audizione al Staatstheater di Stuttgart del gennaio 2018: la ciliegina sulla torta! Il peggio fu che avevo speso tantissimo denaro per tutte queste audizioni che di fatto però non portarono a nulla. Parma, Roma, Pisa, Trapani e Stoccarda furono solo costosissime vacanze.

Il morale era davvero sotto ai piedi e cominciavo a credere che tutto quello che avessi fatto fino a quel momento fosse stato un errore, il risveglio da un bellissimo sogno che ormai mi mostrava la triste realtà che il percorso non fosse solo e sempre rose e fiori.

A Stoccarda per l'audizione all'Accademia del Teatro. Gennaio 2018

5. LA RETE DI INGAGGI E I PRIMI RISULTATI

Il problema di questi fallimenti – ho capito più tardi – era dovuto in larga parte alla carenza di uno studio musicale delle arie e del repertorio: mi mancava una figura professionale essenziale nell'attività di un solista: uno spartitista.

Un maestro collaboratore e preparatore doveva quindi necessariamente entrare nel mio quotidiano se avessi intenzione di proseguire con il percorso operistico.

Fino a quel momento avevo studiato vocalmente col maestro (Filippo Piccolo a Catania e Francesco Facini a Lucca), ma musicalmente (fatta quale eccezione di trascurabile durata) con nessuno: da solo, che molto spesso significava a orecchio (o come amano dire diversi maestri "da Youtube").

Avevo la voce, il timbro, l'estensione, la musicalità, ma la cosa più importante – e cioé la musica – mi mancava: la riproduzione fedele delle note, sia sotto il profilo melodico che ritmico.

E' stato necessario attendere la primavera del 2018 per riaccendere in me lo spirito d'iniziativa, l'entusiasmo e la gioia di cimentarmi in questa bellissima professione.

I buoni risultati di quello che accadde successivamente ebbero un nome e un cognome: **Manuela Cigno.**

In vista de "Il Corsaro" di Giuseppe Verdi che il 29 aprile 2018 avrei dovuto cantare nel ruolo di Seid alla Sala dei Teatini di Piacenza fui pregato dalla mia Agenzia di rivolgermi per una preparazione ottimale a uno spartitista. Problema era che non ne conoscessi alcuno.

Fu la collega cantante Claudia Ceraulo che mi diede il contatto di una pianista, appunto Manuela Cigno, e da quel momento studiai lo spartito sempre con lei per ogni produzione che ne seguì.

Nell'aprile 2018 quindi cantai il Pascià Seid ne "Il Corsaro" di Giuseppe Verdi alla Sala dei Teatini di

Da sinistra: Marco Beretta, Svetlana Kalinichenko, Yichao Wang, Gabriella Stimola, Graziano D'Urso alla Sala dei Teatini di Piacenza. Aprile 2018

Piacenza nel concerto "In...Canto d'Opera", in occasione della stagione concertistica della presentazione delle opere in stagione al Teatro Municipale, Marco Beretta direttore al pianoforte, produzione della Fondazione Teatri Piacenza, in collaborazione con l'Associazione Culturale "Nel Pozzo del Giardino".

Il direttore musicale (che già mi contattò nell'ottobre 2017 per vestire i panni di un Conte di Luna lo stesso mese in una sua produzione a Busseto, e che non potei accettare perché mi trovavo in Romania) fu talmente contento della mia preparazione che ne fece le congratulazioni a me ed al mio rappresentante teatrale.

Nel maggio 2018 iniziava una importante collaborazione con l'Associazione Italian Opera Live che mi accompagnò per tutte le stagioni seguenti.

Mentre mi accingevo a tenere le mie prime audizioni per le più importanti compagnie d'opera della Sicilia (tra cui E.A.R. Teatro Massimo "Vincenzo Bellini" di Catania e Taormina Opera Stars), fui infatti inserito stabilmente nell'ensemble degli artisti del festival dell'Italian Opera Taormina al Teatro "San Giorgio" di detta città, e per prima cosa inaugurai la nuova stagione degli Special Events con un omaggio a Giuseppe Verdi.

Nei successivi concerti, interpretai spesso le arie e i duetti più celebri da "Andrea Chenier" (Carlo Geràrd), "Il barbiere di Siviglia" (Dottor Bartolo e Don Basilio), "Don Giovanni" (Don Giovanni), "Le nozze di Figaro" (Figaro), "La Traviata" (Giorgio Germont), "Un ballo in maschera" (Renato), "Rigoletto" (Rigoletto), e fui inserito successivamente in cartellone per l'edizione 2018 del Taormina International Music Festival, direzione artistica di Silvia Di Falco, direzione musicale di Antonio Gennaro maestro al pianoforte e general management di Giuseppe Giorgianni.

Sabrina Messina e Graziano D'Urso sul palco del Teatro "San Giorgio" di Taormina. Giugno 2019

L'impegno stabile nell'Italian Opera Taormina mi ha valso un grande bagaglio di esperienza di esibizione dal vivo, pratica del palcoscenico, sensibilità musicale (come mi confidò il collega Pedro Carrillo che venne ad ascoltarmi definendolo "una vera e propria palestra dell'opera"), e mi fece conoscere bravissimi artisti siciliani coi quali ho avuto il piacere di collaborare nei concerti in duo, come i soprani Elisabetta Zizzo, Ester Ventura, Carmen Salamone, Maria Grazia Tringale, Martina La Malfa, Marianna Cappellani, Claudia Ceraulo, e la mia amica mezzosoprano Sabrina Messina con la quale ho condiviso diversi palcoscenici della Sicilia, come ad esempio – che ho già detto o che avrò modo di trattare più avanti -: il Teatro "San Giorgio" assieme al Teatro Antico di Taormina (per il Taormina Opera Stars e il Mythos Opera Festival), il Teatro Donnafugata di Ragusa e il Teatro Giuseppe Garibaldi di Modica, l'Istituto Sacro Cuore di Catania (per la Società Catanese Amici della Musica e per il Kiwanis 2° distretto Sicilia), il Centro Culturale "Giuseppe Ierna" di Floridia, il Castello di Maniace di Siracusa (per il Mythos Opera Festival), il Lyceum Club Catania, lo Yachting Club Catania, e i numerosi altri eventi privati che ci hanno visto protagonisti.

Nel primi giorni di giugno 2018 fui poi semifinalista alla 56° edizione del concorso Voci Verdiane "Città di Busseto", interpretando l'aria di Seid *"Cento leggiadre vergini"* de "Il Corsaro" e l'aria di Stankar *"Lina pensai che un angelo"* da "Stiffelio" di Giuseppe Verdi: non vinsi, né tantomeno arrivai in finale, ma questa volta ero orgoglioso di aver potuto partecipare al concorso delle voci verdiane e di aver anche ricevuto l'incoraggiamento, il sostegno ed i complimenti di diversi colleghi in gara oltre che di un pianista accompagnatore. Mi ero preparato come si deve e sapevo di aver dato il massimo. Partecipare in quella circostanza mi era bastato per essere soddisfatto. In quella occasione incontrai anche le amiche soprano Ester Ventura, Elisabetta Zizzo e Annalisa D'Agosto.

L'impegno paga, e preparandomi sempre col Maestro Cigno, ottenni il risultato sperato. Infatti il 23

Concerto finale VIII Premio internazionale di Canto Lirico "Vincenzo Bellini". Giugno 2018

Giugno 2018 vinsi il Primo Premio e la borsa di studio assegnata dal Lions Club Catania Bellini all'VIII Edizione del Premio Internazionale di Canto Lirico "Vincenzo Bellini" interpretando l'aria di Sir Riccardo Forth *"Ah! Per sempre io ti perdéi"* da "I Puritani" di Vincenzo Bellini.

Fui il primo uomo ad aggiudicarsi il titolo dalla nascita della competizione: nelle sette edizioni precedenti solo donne si aggiudicarono il primo premio.

La sera della premiazione al Palazzo della Cultura di Catania – ex Cortile Platamone invitai mia madre e la mia ragazza, senza accennare alla possibilità che io potessi qualificarmi vincitore su tredici finalisti provenienti da tutto il mondo.

La direzione del concorso lesse la classifica al pubblico spettatore a partire dall'ultimo posto; quando arrivato sul podio ancora non era stato citato il mio nome cominciai a sentire dal fondo della sala il singhiozzare di mia madre e della mia ragazza che da lì a poco avrebbero sentito il mio nome quale primo classificato: primo premio con votazione 91,66. Presidente della Commissione Giudicatrice: M° Dimitra Theodossiu. Membri della giuria: M° Carmelo Corrado Caruso, M° Filippo Piccolo (che si astenne dalla votazione), M° Antonino Averna, M° Alberto

Alibrandi, coordinatrice Artistica: Prof.ssa Maria Schillaci.

Per me fu il primo grande risultato, il primo riconoscimento dopo anni di sacrifici, studio e operosità in questo settore. Condivisi la commozione di mia madre e di Emanuela, e con la voce ancora tremante ricevetti l'attestato e risposi alle domande della direttrice del concorso prima e dei giornalisti dopo che mi intervistarono.

Non era più solo una incidenza il mio impegno nel canto lirico. Adesso avevo una etichetta sociale oltre

LIONS

Lions Club Catania Bellini
Anno Sociale 2017-2018

VIII PREMIO INTERNAZIONALE "V. BELLINI"
PER CANTANTI LIRICI NEL REPERTORIO BELLINIANO

Attestato d'onore a GRAZIANO D'URSO 1° PREMIO
Classificato con punti 91,60

LA COMMISSIONE GIUDICATRICE
Il Presidente

Catania, 23 Giugno 2018

Il Presidente del Lions Club
GIOVANNI CANTARELLA

Attestato VIII Premio internazionale di Canto Lirico "Vincenzo Bellini". Giugno 2018

che professionale: un riscatto anche per dimostrare che potevo farcela nella musica.

Così si espressero i giornali: "*Nella storia della competizione musicale che ha ormai assunto una prestigiosa veste in ambito internazionale il catanese Graziano D'Urso rimarrà come il primo concorrente dal registro vocale maschile che sia riuscito fino ad ora ad aggiudicarsi il primo premio.*" - Redazione, GlobusMagazine del 25/06/2018.

Nell'agosto 2018 rivestì i panni di Gordiano, Vafrino e Re Atrace presso l'Ex Convento del Ritiro a Siracusa, direzione artistica e d'ensemble di Luca Ambrosio maestro al cembalo, coreografie di Melissa Gramaglia, regia e scene di Stefania Federico, produzione dell'Associazione Ninphea e Harmoniosi Concenti.

Nello stesso mese (16 e 21 Agosto) debuttai i ruoli di Cesare Angelotti e del Carceriere nella "Tosca" di Giacomo Puccini al Teatro Antico di Taormina, produzione del Taormina Opera Stars, direzione artistica di Davide Dellisanti, direzione d'orchestra di Gianna Fratta, regia di Bruno Torrisi, Coro e Orchestra del Taormina Opera Stars.

Per la prima volta mettevo piede sul palco del Teatro Antico di Taormina in qualità di solista: dovetti far fronte alla novità di dover cantare per un pubblico di gran lunga più numeroso di quelli che avevo intrattenuto in precedenza. Circa cinquemila spettatori.

Tremavano le gambe! Ma questo non fermò la mia buona riuscita, tanto che la critica definì il mio intervento come quello del "*prestante Angelotti applauditissimo di Graziano D'Urso*" – Tosca Bonaldo, LaNotizia.tv del 24/08/2018.

Il cast era formato da Carmela Apollonio e Maria Tomassi (Floria Tosca), Marcello Giordani (poi

Nei panni di Cesare Angelotti al Teatro Antico di Taormina. Agosto 2018

sostituito da) Orazio Taglialatela Scafati e Francesco Anile (Mario Cavaradossi), Pedro Carrillo (Barone Scarpia), Shi Zong (Cesare Angelotti), Alessandro Vargetto (Sagrestano/Sciarrone), Stefano Sorrentino e Riccardo Palazzo (Spoletta), Pasquale Auricchio (Pastorello).

A seguire, il 28 Agosto, vestì i panni del Marchese d'Obigny ne "La Traviata" di Giuseppe Verdi al Teatro Antico di Taormina, produzione del Mythos Opera Festival, direzione artistica di Enrico Stinchelli, direzione d'orchestra di Filippo Arlia, regia di Antoniu Zamfir e Orchestra Filarmonica della Calabria. In quella occasione mia moglie nella scena Flora Bervoix fu la mia amica Sabrina Messina.

Sabrina Messina e Graziano D'Urso nei ruoli di Flora Bervoix e Il Marchese d'Obigny al Teatro Antico di Taormina. Agosto 2018

Gli altri membri del cast furono: Renata Vary (Violetta Valery), Carlos Julio Munoz (Alfredo Germont),

Milo Buson (Giorgio Germont), Diego Rossetto (Gastone), Elita Cistola (Annina), Pablo Rossi Rodino (Barone Douphol), Adolfo Corrado (Dottor Grenvil), Rosario Cristaldi (Giuseppe), Daniele Cannavò (Un domestico / Un commissionario).

Mi esibì in seguito in qualità di vincitore del Concorso Bellini presso lo Yachting Club di Catania il successivo 26 Settembre, e presso la sala Coro di Notte del Monastero dei Benedettini - Università degli Studi di Catania il 20 Novembre.

Nello stesso mese, in qualità di Cantante Lirico, fui scelto – assieme alla collega Elisabetta Zizzo - fra i figuranti concertisti nel film "La Regola d'Oro" di Alessandro Lunardelli, girato al Teatro Antico di

Al centro Graziano D'Urso ed Elisabetta Zizzo che ricevono istruzioni di regia nel film di Lunardelli. Novembre 2018

Taormina e in diverse strutture ricettive limitrofi, produzione Pupkin e Rai Cinema. Fu la mia prima esperienza – seppur da mero figurante – nel Cinema, e devo dire che la commistione di atmosfere artistiche mi aiutò a formulare un giudizio comparato sul mondo dello spettacolo.

L'1 Gennaio 2019 fui protagonista nei due concerti di Capodanno presso la Fondazione Teatro Garibaldi di Modica, direttore d'orchestra M° Francesco Di Pietro, Direzione artistica di Giovanni Cultrera.

Nomi degli artisti al Concerto della XXX Edizione della rassega Cooking Fest al Teatro Massimo di Catania. Aprile 2019

I successivi 20 Gennaio e 7 Aprile fui solista al Teatro Donnafugata di Ragusa Ibla per la XV Edizione della Stagione Concertistica Ibla Classica International; il 29 Marzo per il Lyceum Club International di Catania; il 1° Aprile 2019 al Teatro Massimo "Vincenzo Bellini" di Catania per la XXX Edizione del Cooking Fest nel Concerto "Musica e Gourmet" con il Bellini Ensemble diretto da Aldo Ferrente, in arie e brani d'insieme scelti da "Don Giovanni" di Wolfgang Amadeus Mozart, "La Traviata" di Giuseppe Verdi e "Il Pipistrello" di Johann Strauss Jr. Quella occasione fu per me la prima sul palcoscenico del Teatro Massimo di Catania, fra i palchi più ambiti al mondo, e il mio obiettivo fin da quando feci il primo vocalizzo nel 2014.

Parentesi: Nell'autunno 2013 uscì volontariamente dall'organico dell'orchestra di cui all'epoca facevo parte. Di lì a poco quell'orchestra avrebbe suonato al Teatro Massimo, e avevo perso l'occasione si esibirmi come professore d'orchestra su quel palco. Mi si fece pesare il fatto che mi giocai un'occasione, ma avevo buoni motivi per non restare

Nei panni di Cesare Angelotti a Briga, località sulle Alpi Svizzere. Maggio 2019

in organico. Nel 2019 tuttavia salivo su quel palco da solista. Chiusa parentesi.

Nel maggio 2019 fui ancora Cesare Angelotti in Svizzera, a Briga (Jesuitenkirche), Soletta (Jesuitenkirche) e Zurigo Enge (Reformiertekirche, vicino la casa di Wagner), nella "Tosca" di Giacomo Puccini, produzione di BoxOpera, direzione artistica di Peter Bernhard, direzione d'orchestra di Massimo Morelli, regia di Ulrich Peters. Partivo così nuovamente per una tournée all'estero, e questa volta senza dover affrontare nessuna audizione, ma solo sulla base della buona nomea che mi ero fatto in qualità di cantante.

Il cast era formato da: Rosy Hernàndez (Floria Tosca), Peter Bernhard (Mario Cavaradossi), Leonardo Galeazzi (Barone Scarpia), Florin Caduff (Sagrestano), Antonio Planelles (Spoletta), Sergey Aksenov (Sciarrone/Un carceriere), Nicole Wacker e Zelia Bjordal (Pastorello). Fu in quell'occasione che città come Lucerna si andavano ad aggiungere alle località della Svizzera che avevo visitato nel 2015: Madiswil, Schinznach Dorf, Schinznach Bad, Oberflachs, Veltheim, Thalheim, Scherz, Lupfig, Birr, Lenzburg, Wildegg, Möriken, Auenstein, Fahr, Au, Willbach, Villnachern, Linn, Bözberg, Holderbank, Schenkenbergof.

Inaugurai in seguito la stagione 2019 degli Special Events dell'Italian Opera Live a Taormina con un "Omaggio a Mozart" il 25 maggio, e debuttai l'8 giugno come concertista per la Società Catanese Amici della Musica col soprano Clara Polito e il maestro al pianoforte Ivan Manzella.

In quell'occasione una recensione accompagnò l'esibizione per la SCAM: "*Quanto al giovane Graziano D'Urso ha colpito per la qualità della voce e l'intensità dell'interpretazione, specie correlate al fatto che il suo esordio sia avvenuto appena un paio di anni fa (e che sia ancora studente dell'Istituto Superiore di Studi Musicali Vincenzo Bellini Catania). Dotato di un*

Da sinistra: Ivan Manzella, Clara Polito, Graziano D'Urso alla SCAM. Giugno 2019

brunito e corposo strumento vocale, D'Urso ha messo in luce una versatilità che lo ha portato a passare con disinvoltura dal Mozart delle Nozze di Figaro ("Se vuol ballare, signor contino") alla celeberrima "Calunnia" del Barbiere di Siviglia (una pagina, addirittura, da basso) e successivamente al belliniano ruolo de I puritani per chiudere col recitativo, aria e cabaletta del Ballo in maschera di Verdi "Alzati ...Eri tu"; brano di grande impegno che avrebbe messo alle corde artisti ben più titolati e che il Nostro ha eseguito con spavalda disinvoltura. [...] Oltre alle pagine solistiche i due interpreti vocali hanno eseguito due duetti verdiani, il primo dalla Traviata, il secondo - il trascinante "Sì Vendetta" del Rigoletto, in dinamica ascensione di duplice acuto risolutivo." – Aldo Mattina, I Vespri del 15/06/2019.

Nel giugno 2019 altre novità si affacciavano nella mia giovane carriera: entravo a far parte di un ensemble internazionale formato da tre cantanti – Tommaso Rossato (Tenore), Andrea Calce (Tenore) e me – sotto la direzione artistica dell'Associazione LiveArt, referente il soprano russo Yulia Pustovoytova.

Ancora una volta viaggiavo all'estero e questa volta mi tornò utile il passaporto le cui pratiche sbrigai nel 2015 per la prima trasferta in Cina.

La Russia si aggiungeva all'elenco degli stati esteri che avevo visitato in qualità di cantante (Cina,

Macau, Austria, Germania, Svizzera, Romania), di chitarrista (Malta), di turista (Città del Vaticano, Repubblica Ceca, Spagna, Hong Kong) e di passaggio tra un volo e l'altro (Francia e Bulgaria).[21]

Il 23 Giugno 2019 fui ospite alla terza edizione del Festival Internazionale škin'-Opera, Oblast' di Mosca, in Russia, interprete in trio all'inaugurazione teatrale della rassegna, del repertorio lirico italiano, classico popolare e napoletano, nel Concerto d'apertura accompagnato dall'Orchestra Sinfornica del Teatro dell'Opera di Voronež, diretta da Yurij Petrovich

Da sinistra: Yulia Pustovoytova, Graziano D'Urso, Andrea Calce, Tommaso Rossato, škin'-Opera Festival. Giugno 2019

[21] Senza contare gli scali all'aeroporto di Bangkok in Tailandia nel 2015 e a Istanbul in Turchia nel 2016.

Anisichkin. Direzione Artistica e coreografica di Kostantin Didenko - evento preceduto da un'anteprima al pianoforte il giorno prima nella città di Kolomna, Oblast' di Mosca -.

Visitai Kolomna ed ebbi come conseguenza, tra le altre cose, di essere inserito come artista fra i rappresentati nel mercato russo dalle Agenzie di Concerti "Opera di Mosca" di Yulia Pustovoytova e "Symfunny" di Denis Vull.

Il 12 Luglio seguente fui Re Amonasro in "Aida" di Giuseppe Verdi in Germania (Burg Eppstein), produzione dell'Opera Classica Europa, Coro e Orchestra del Teatro Nazionale d'Opera e Balletto di Costanza "Oleg Danovski", direzione d'orchestra di Adi Bar, direzione artistica e regia di Micheal Vaccaro.

Un'audizione fatta il precedente ottobre a Bad Homburg vor der Höhe mi aveva fatto ottenere l'ambito ruolo verdiano in Germania. Tornavo così per la quarta volta in terra tedesca (per la seconda volta come interprete di ruoli verdiani).

Il cast era così formato: Rosy Hernandéz (Aida), Kassandra Dimopoulou Modinos (Amneris), Massimo Sirigu (Radames), Giorgi Kirof (Ramfis), Hyun-Seok Kim (Il Re), Claudio Fernandez (Un Messaggero).

Fu tra le mie più grandi soddisfazioni operistiche (sia per la centralità del ruolo che per l'ottima riuscita del debutto) anche e soprattutto per quello che ne

Nei panni del Re Amonasro sul palco di Burg Eppstein. Luglio 2019

scrissero i giornali, tra cui uno in particolare affermò: "*Il loro duetto* [Amonasro - Aida, n.d.r.] *con il baritono italiano dalla fulminante recitazione drammatica Graziano D'Urso è sicuramente uno dei momenti musicali culminanti della serata*" - Hendrik Jung, Wiesbadener Kurier del 16/07/2019.[22]

Il successivo 24 agosto ancora al Teatro Antico di Taormina fui il tenente Zuniga nella Carmén di Georges Bizét, produzione del Taormina Opera Stars, direzione d'orchestra di Gianna Fratta, direzione

[22] Testo originale in tedesco, tradotto ad opera di chi scrive: *Ihr Duett* [Amonasro - Aida, n.d.r.] *mit dem fulminant-aufwühlend agierenden italienischen Bariton Graziano D'Urso gehört sicher zu den musikalischen Höhepunkten des Abends.*

artistica di Davide Dellisanti, regia di Carlo Antonio De Lucia, Coro e Orchestra del Taormina Opera Stars.

Per la seconda volta interpretavo questo titolo operistico questa volta con un ruolo diverso, e anche questa volta con giudizi positivi: "*Ottimo debutto per il siciliano Graziano D'Urso, che mostra piena padronanza vocale e scenica del personaggio che interpreta: il tenente Zuniga.*" – Ruzzena La Fata, LaNotizia.tv del 24/08/2019.

Il resto del cast era formato da: Sanja Anastasia (Carmen), Dario Di Vietri (Don José), Maria Tomassi (Micaela), Shi Zong e Christian Barone (Escamillo), Ripalta Bufo (Frasquita). Angelica Di Francesco e Sabrina Messina (Mercedes), Hata Shinnosuke (Le

Nei panni del Tenente Zuniga sul palco del Teatro Antico di Taormina. Agosto 2019

Dancaire), Fabio Perillo (Le Remendado), Oghai Michio (Zuniga), Alessandro Vargetto (Moralés).

L'8 settembre successivo ricevetti per distinti meriti artistici *honoris causa* il Premio alla sicilianità "Collina di Polifemo" dall'associazione "L'isola che non c'è" di Aci Castello. Fu il primo premio tributato per la buona reputazione che avevo coltivatomi nel mondo dell'arte e dello spettacolo dell'opera lirica.

Il mese successivo mi diplomai (come ho già detto nel 3° capitolo) col massimo dei voti in canto lirico a Catania (al mio concerto di Diploma cantarono anche i miei amici Angelo Sapienza assieme al soprano Martina Scuto), iscrivendomi contestualmente al proseguo degli studi: il 3 novembre 2019 mi immatricolai al biennio accademico di secondo livello in canto presso l'Istituto Superiore di Studi Musicali "Vincenzo Bellini" di Catania.

Foto di rito dopo la sessione di laurea. Ottobre 2019

Una grande parabola volgeva al suo compimento non senza aver fornito un ultimo colpo di scena.

Mentre mi trovavo a Misterbianco, per far visita

ad un anziano tenore siciliano il maestro Pippo Di Prima, fui raggiunto telefonicamente da una notizia che in quel momento per me aveva dell'incredibile.

Il 9 dicembre 2019 inaspettatamente ricevetti su indicazione della Società Catanese Amici della Musica - *honoris causa* - il Premio "Domenico Danzuso" per la Musica dalla commissione assegnatrice del prestigioso riconoscimento al Palazzo Biscari di Catania.

Il riconoscimento – giunto alla sua XVIII Edizione - era promosso da Lyceum Club di Catania, Società Catanese Amici della Musica, Accademia di Belle Arti di Catania, Lions Club Catania Host, Teatro Stabile, Teatri Massimo "Vincenzo Bellini" di Catania, Teatro Brancati, Teatro della Città, Istituto siciliano di Storia dello spettacolo, Fondazione Domenico Sanfilippo, Istituto Superiore di Studi Musicali "Vincenzo Bellini" di Catania, Associazione siciliana della Stampa, Soroptimist Club Catania e Fondazione Marilù Tregua.

Fu un grande onore ricevere il premio che era stato prima tributato a nomi eccellenti dell'arte e del teatro dell'opera.[23] Queste le motivazioni: "*Con il riconoscimento al baritono Graziano D'Urso il Premio Danzuso torna alle origini, quando veniva assegnato alle giovani promesse. D'Urso, infatti, diplomato*

[23] Nell'albo d'oro anche Fabio Armiliato e Carlo Colombara.

Consegna del Premio Domenico Danzuso per la Musica a Graziano D'Urso. Dicembre 2019

quest'anno in canto nell'Istituto Bellini di Catania, è un baritono dotato di voce possente, dallo smalto brunito e stentoreo, estensibile alla profondità del registro basso. I suoi ruoli, da Bellini, Rossini e Verdi sino alla Giovane Scuola, hanno raggiunto notevoli esiti interpretativi per l'incisiva dizione, l'accurato fraseggio e il rifinito tecnicismo, suffragati da una spiccata presenza scenica".

Non avevo dubbi che il merito per questo risultato fosse la minuziosa e attenta preparazione musicale degli ultimi anni, un riscatto vero e proprio, motivo per cui chiamai ad accompagnarmi per il concerto di quella serata il maestro Manuela Cigno. Con lei mi esibì nella celebre aria del Rigoletto "*Cortigiani, vil razza dannata*" di Giuseppe Verdi.

Scultore della statuetta del premio fu per coincidenza un mio compagno di scuola del Liceo: l'artista Pierluigi Portale. Pienamente soddisfatto di aver raggiunto questo importantissimo traguardo completai l'anno con una serie di altri eventi musicali.

Il 14 dicembre 2019 presso la Chiesa della Badia di Sant'Agata di Catania debuttai il mio primo ruolo belliniano: Basso Solo nella Messa in La minore di Vincenzo Bellini, direzione d'orchestra di Giuseppe Romeo, maestro del Coro Carmelo Crinò.

Con me tra i tenori: Riccardo Palazzo, Giovanni Abbadessa, Diego Cannavò, Ludovico Camarda; tra i soprani; Claudia Ceraulo, Ausilia Arrigo, Ludovica Bruno; mezzosoprano Roberta Celano.

Basso Solo nella Messa in La Minore di Vincenzo Bellini. Chiesa di San Giuliano a Catania. Dicembre 2019

Il 21, 28 e 30 dicembre fui protagonista nei tre gala di Natale col mezzosoprano Sabrina Messina presso lo Yachting Club di Catania, l'Auditorium di Floridia e il Teatro San Giorgio di Taormina.

Inaugurai il nuovo anno il 12 gennaio 2020 sempre con l'amica Sabrina Messina ed il maestro al pianoforte Alberto Alibrandi con un Concerto per la Società Catanese Amici della Musica e per il Kiwanis 2° distretto Sicilia, così recensito: *"I cantanti si sono imposti all'attenzione del numeroso pubblico per la forbita vocalità, il sapiente equilibrio espressivo, la rilevante presenza scenica, e una buona fetta di teatralità messa in campo da entrambi [...] Applausi ed entusiasmo a piene mani per l'ottima performance degli artisti e per il service Kiwanis."* – Anna Greco, SicilyMag del 13/01/2020.

Alberto Alibrandi, Sabrina Messina e Graziano D'Urso al Concerto "Note Spumeggianti" a Catania. Gennaio 2020

CONCLUSIONI

Tutto quanto sopra detto è il racconto puntuale di fatti realmente accaduti: gli elementi e i fattori che hanno contribuito al mio approccio all'opera lirica e i passi che mi hanno condotto dalla prima lezione di canto al Premio Domenico Danzuso per la Musica, passando per le indicizzazioni su elenchi importanti dello spettacolo (Operabase, Viberate, CIDIM, etc.).

Ritengo di aver raggiunto grandi tappe in pochissimo tempo e spero di raggiungerne altre.

Con lo sguardo volto al futuro e all'insegnamento, concludo queste mie Memorie di un cantante pronto ad affrontare le nuove sfide che mi si presenteranno.

Il consiglio che posso dare ai giovani cantanti, ai musicisti e agli artisti più in genere è quello di credere in se stessi, credere negli obiettivi, amare ciò che si fa, studiare e perseverare.

Ringrazio quanti coloro abbiano contribuito a questi successi e a tutti i momenti felici della mia esperienza musicale.

SOMMARIO

www.ingramcontent.com/pod-product-compliance
Lightning Source LLC
LaVergne TN
LVHW011714230826
846091LV00015BA/4152

* 9 7 8 0 2 4 4 2 6 6 8 2 0 *